Made in the USA
Monee, IL
05 December 2022

19720412R00069